Reisetagebuch von:

To Do Liste vor dem Urlaub:

To Do Liste vor dem Urlaub:

Packliste

Geld & Finanzen

- [ ] Bargeld
- [ ] EC-Karte
- [ ] Fremdwährung
- [ ] Kreditkarte
- [ ] Notfall-Telefonnummern der Bank
- [ ] Portemonnaie
- [ ] Travel-Checks

Hygiene & Pflege

- [ ] After Sun Lotion
- [ ] Bürste / Kamm
- [ ] Bodylotion
- [ ] Deo
- [ ] Duschgel
- [ ] Gesichtscreme
- [ ] Haargummi
- [ ] Handcreme
- [ ] Kontaktlinsen
- [ ] Kontaktlinbehälter + Flüssigkeit
- [ ] Kulturbeutel
- [ ] Lippenpflege
- [ ] Nagelpflegeset
- [ ] Pinzette
- [ ] Rasierer
- [ ] Reisewaschmittel
- [ ] Shampoo / Spülung
- [ ] Schminkutensilien / Abschminktücher
- [ ] Sonnencreme
- [ ] Tampons / Damenhygieneartikel
- [ ] Taschentücher
- [ ] Wattestäbchen
- [ ] Wattepads
- [ ] Verhütungsmittel / Pille / Kondome
- [ ] Zahnbürste + Zahnpasta

Kleidung

- [ ] Abendgarderobe
- [ ] Badesachen
- [ ] Fleecepullover/-jacke
- [ ] Hosen / Shorts, kurz
- [ ] Hosen / Jeans, lang
- [ ] Kleid / Rock
- [ ] Kompressionssocken für den Flug
- [ ] Mütze / Hüte
- [ ] Pullover / Sweatshirts
- [ ] Regenjacke / Regencape
- [ ] Sarong / Pareo / Strandkleid
- [ ] Schlafanzug / Pyjama
- [ ] Socken
- [ ] Trekking- /Wanderhosen
- [ ] T-Shirts
- [ ] Unterwäsche
- [ ] Dessous für die Hochzeitsnacht
- [ ] Wander- / Funktionssocken

Accessoires

- [ ] (Ehe-/Partner-) Ringe
- [ ] Gürtel
- [ ] Sonnenbrille
- [ ] Schal /Halstuch
- [ ] Schmuck / Uhr

Reise-Apotheke

- [ ] Durchfalltabletten
- [ ] Erste-Hilfe-Set
- [ ] Fiebertabletten
- [ ] Mückenschutz-Spray
- [ ] Insektenstichheiler
- [ ] persönliche Medikamente
- [ ] (Blasen-) Pflaster
- [ ] Schmerzmittel (Kopfschmerzen)

Papiere & Unterlagen

- [ ] Auslandskrankenversicherung (+ Notfallnummer)
- [ ] Führerschein (inter- / national) / ggf. KFZ-Schein
- [ ] Hotel-/Hostelunterlagen
- [ ] Hülle (wasserdicht) für Reiseunterlagen
- [ ] Impfausweis / Allergiepass
- [ ] Krankenversicherungskarte
- [ ] Mietwagenunterlagen
- [ ] Personalausweis
- [ ] Reiseführer
- [ ] Reisepass
- [ ] Studentenausweis
- [ ] Tauchnachweis / Segelschein / etc.
- [ ] Visum, falls erforderlich
- [ ] Wegbeschreibung
- [ ] Zugticket / Bahncard / Flugticket

Rucksäcke & Taschen

- [ ] Strandtasche
- [ ] Dry Bag / Packsack (wasserdicht)
- [ ] Handtasche
- [ ] Regenhülle für Rucksack
- [ ] Schutzhülle für Elektronik
- [ ] Tagesrucksack
- [ ] Vakuum- / Kompressionsbeutel
- [ ] Zip-Beutel für Handgepäck (max. 1 Liter!)

Schuhe

- [ ] Badeschuhe
- [ ] Flip Flops / Hausschuhe / Badelatschen
- [ ] Schuhe (auch zum Wechseln)
- [ ] (Trekking-)Sandalen
- [ ] Wanderschuhe

Sonstiges

- [ ] aufblasbares Nackenkissen
- [ ] Brettspiele (Reisegröße) / Kartenspiel
- [ ] Brille + Etui
- [ ] Buch / Zeitschrift

- [ ] Kofferanhänger
- [ ] Nähzeug
- [ ] Ohrstöpsel / Ohrstöpsel fürs Flugzeug
- [ ] Reisedecke für Zug/Bus/Flug
- [ ] Rätselhefte
- [ ] 1 bis 2 Reisehandtücher
- [ ] Schreibzeug
- [ ] Sicherheitsnadeln

Baden / Strand

- [ ] Schwimmflossen
- [ ] Schwimmbrille / Schnorchel / Taucherbrille
- [ ] Strandtücher

Elektronik und Zubehör

- [ ] Aux-Kabel
- [ ] Digitalkamera-Hülle/-Case (wasserdicht)
- [ ] Digitalkamera inkl. Akku/Stativ
- [ ] eBook-Reader
- [ ] Smartphone inkl. Ladekabel
- [ ] ggf. Prepaid-Daten-SIM-Karte
- [ ] Kopfhörer
- [ ] Ladegeräte für die Elektronik
- [ ] Powerbank
- [ ] SD-Karte
- [ ] Steckdosenadapter
- [ ] Unterwasserkamera

ORT:

DATUM:

WETTER:

Das haben wir heute erlebt:

....

....

....

....

....

....

....

....

....

....

....

....

....

....

....

....

....

....

....

....

....

....

....

Das hat uns besonders gut gefallen:

....

....

....

....

....

....

....

....

....

Platz für Fotos, Eintirittskarten, etc.

ORT:

DATUM:

WETTER:

Das haben wir heute erlebt:

....
....
....
....
....
....
....
....
....
....
....
....
....
....
....
....
....
....
....
....

Das hat uns besonders gut gefallen:

ORT:
DATUM:

WETTER:

Das haben wir heute erlebt:

Das hat uns besonders gut gefallen:

ORT:

DATUM:

WETTER:

Das haben wir heute erlebt:

··

··

··

··

··

··

··

··

··

··

··

··

··

··

··

··

··

··

··

··

··

··

··

··

Das hat uns besonders gut gefallen:

....

....

....

....

....

....

....

....

....

ORT:
DATUM:

WETTER:

Das haben wir heute erlebt:

....
....
....
....
....
....
....
....
....
....
....
....
....
....
....
....
....
....
....
....
....
....
....
....

Das hat uns besonders gut gefallen:

Platz für Fotos, Eintrittskarten, etc.

ORT:
DATUM:

WETTER:

Das haben wir heute erlebt:

....

....

....

....

....

....

....

....

....

....

....

....

....

....

....

....

....

....

....

....

....

....

Das hat uns besonders gut gefallen:

ORT:
DATUM:

WETTER:

Das haben wir heute erlebt:

:..
:..
:..
:..
:..
:..
:..
:..
:..
:..
:..
:..
:..
:..
:..
:..
:..
:..
:..
:..
:..
:..

Das hat uns besonders gut gefallen:

....

....

....

....

....

....

....

....

Platz für Fotos, Eintirittskarten, etc.

ORT:

DATUM:

WETTER:

Das haben wir heute erlebt:

....
....
....
....
....
....
....
....
....
....
....
....
....
....
....
....
....
....

Das hat uns besonders gut gefallen:

....

....

....

....

....

....

....

....

....

Platz für Fotos, Eintrittskarten, etc.

ORT:
DATUM:

WETTER:

Das haben wir heute erlebt:

....
....
....
....
....
....
....
....
....
....
....
....
....
....
....
....
....
....
....
....

Das hat uns besonders gut gefallen:

ORT:
DATUM:

WETTER:

Das haben wir heute erlebt:

....

....

....

....

....

....

....

....

....

....

....

....

....

....

....

....

....

....

....

....

....

....

....

Das hat uns besonders gut gefallen:

....
....
....
....
....
....
....
....
....

Platz für Fotos, Eintrittskarten, etc.

ORT:
DATUM:

WETTER:

Das haben wir heute erlebt:

Das hat uns besonders gut gefallen:

Platz für Fotos, Eintrittskarten, etc.

ORT:

DATUM:

WETTER:

Das haben wir heute erlebt:

Das hat uns besonders gut gefallen:

....

....

....

....

....

....

....

....

Platz für Fotos, Eintrittskarten, etc.

ORT:
DATUM:

WETTER:

Das haben wir heute erlebt:

....
....
....
....
....
....
....
....
....
....
....
....
....
....
....
....
....
....
....
....
....
....

Das hat uns besonders gut gefallen:

ORT:

DATUM:

WETTER:

Das haben wir heute erlebt:

....
....
....
....
....
....
....
....
....
....
....
....
....
....
....
....
....
....
....
....

Das hat uns besonders gut gefallen:

Platz für Fotos, Eintrittskarten, etc.

ORT:

DATUM:

WETTER:

Das haben wir heute erlebt:

Das hat uns besonders gut gefallen:

....

....

....

....

....

....

....

....

Platz für Fotos, Eintrittskarten, etc.

ORT:
DATUM:

WETTER:

Das haben wir heute erlebt:

....
....
....
....
....
....
....
....
....
....
....
....
....
....
....
....
....
....
....
....
....

Das hat uns besonders gut gefallen:

....

....

....

....

....

....

....

....

Platz für Fotos, Eintrittskarten, etc.

ORT:

DATUM:

WETTER:

Das haben wir heute erlebt:

....

....

....

....

....

....

....

....

....

....

....

....

....

....

....

....

....

....

....

Das hat uns besonders gut gefallen:

....

....

....

....

....

....

....

....

....

Platz für Fotos, Eintrittskarten, etc.

ORT:
DATUM:

WETTER:

Das haben wir heute erlebt:

Das hat uns besonders gut gefallen:

Platz für Fotos, Eintrittskarten, etc.

ORT:

DATUM:

WETTER:

Das haben wir heute erlebt:

....

....

....

....

....

....

....

....

....

....

....

....

....

....

....

....

....

....

....

....

....

....

Das hat uns besonders gut gefallen:

ORT:

DATUM:

WETTER:

Das haben wir heute erlebt:

....
....
....
....
....
....
....
....
....
....
....
....
....
....
....
....
....
....
....

Das hat uns besonders gut gefallen:

....

....

....

....

....

....

....

....

....

Platz für Fotos, Eintrittskarten, etc.

ORT:

DATUM:

WETTER:

Das haben wir heute erlebt:

Das hat uns besonders gut gefallen:

ORT:

DATUM:

WETTER:

Das haben wir heute erlebt:

....

....

....

....

....

....

....

....

....

....

....

....

....

....

....

....

....

....

....

....

....

....

....

Das hat uns besonders gut gefallen:

....

....

....

....

....

....

....

....

Platz für Fotos, Eintirittskarten, etc.

ORT:
DATUM:

WETTER:

Das haben wir heute erlebt:

....
....
....
....
....
....
....
....
....
....
....
....
....
....
....
....
....
....
....

Das hat uns besonders gut gefallen:

....

....

....

....

....

....

....

....

....

Platz für Fotos, Eintrittskarten, etc.

ORT:

DATUM:

WETTER:

Das haben wir heute erlebt:

Das hat uns besonders gut gefallen:

....

....

....

....

....

....

....

....

Platz für Fotos, Eintrittskarten, etc.

ORT:
DATUM:

WETTER:

Das haben wir heute erlebt:

:::

:::

:::

:::

:::

:::

:::

:::

:::

:::

:::

:::

:::

:::

:::

:::

:::

:::

:::

:::

Das hat uns besonders gut gefallen:

Platz für Fotos, Eintrittskarten, etc.

ORT:
DATUM:

WETTER:

Das haben wir heute erlebt:

....
....
....
....
....
....
....
....
....
....
....
....
....
....
....
....
....

Das hat uns besonders gut gefallen:

....

....

....

....

....

....

....

....

....

Platz für Fotos, Eintrittskarten, etc.

ORT:

DATUM:

WETTER:

Das haben wir heute erlebt:

....

....

....

....

....

....

....

....

....

....

....

....

....

....

....

....

....

....

....

....

....

....

Das hat uns besonders gut gefallen:

....

....

....

....

....

....

....

....

....

Platz für Fotos, Eintrittskarten, etc.

ORT:
DATUM:

WETTER:

Das haben wir heute erlebt:

....

....

....

....

....

....

....

....

....

....

....

....

....

....

....

....

....

....

....

Das hat uns besonders gut gefallen:

....

....

....

....

....

....

....

....

Platz für Fotos, Eintrittskarten, etc.

ORT:
DATUM:

WETTER:

Das haben wir heute erlebt:

Das hat uns besonders gut gefallen:

....

....

....

....

....

....

....

....

....

Platz für Fotos, Eintrittskarten, etc.

ORT:

DATUM:

WETTER:

Das haben wir heute erlebt:

....
....
....
....
....
....
....
....
....
....
....
....
....
....
....
....
....
....
....
....
....

Das hat uns besonders gut gefallen:

Platz für Fotos, Eintrittskarten, etc.

ORT:
DATUM:

WETTER:

Das haben wir heute erlebt:

....

....

....

....

....

....

....

....

....

....

....

....

....

....

....

....

....

....

....

....

Das hat uns besonders gut gefallen:

ORT:

DATUM:

WETTER:

Das haben wir heute erlebt:

....
....
....
....
....
....
....
....
....
....
....
....
....
....
....
....
....
....
....
....
....

Das hat uns besonders gut gefallen:

....
....
....
....
....
....
....
....
....
....

Platz für Fotos, Eintrittskarten, etc.

ORT:
DATUM:

WETTER:

Das haben wir heute erlebt:

....
....
....
....
....
....
....
....
....
....
....
....
....
....
....
....
....
....
....
....
....
....

Das hat uns besonders gut gefallen:

ORT:
DATUM:

WETTER:

Das haben wir heute erlebt:

....

....

....

....

....

....

....

....

....

....

....

....

....

....

....

....

....

....

....

....

Das hat uns besonders gut gefallen:

....

....

....

....

....

....

....

....

....

Platz für Fotos, Eintirittskarten, etc.

ORT:

DATUM:

WETTER:

Das haben wir heute erlebt:

....

....

....

....

....

....

....

....

....

....

....

....

....

....

....

....

....

....

....

....

....

Das hat uns besonders gut gefallen:

....

....

....

....

....

....

....

....

....

Platz für Fotos, Eintrittskarten, etc.

ORT:

DATUM:

WETTER:

Das haben wir heute erlebt:

_____

_____

_____

_____

_____

_____

_____

_____

_____

_____

_____

_____

_____

_____

_____

_____

_____

_____

_____

_____

_____

Das hat uns besonders gut gefallen:

ORT:

DATUM:

WETTER:

Das haben wir heute erlebt:

Das hat uns besonders gut gefallen:

ORT:

DATUM:

WETTER:

Das haben wir heute erlebt:

....
....
....
....
....
....
....
....
....
....
....
....
....
....
....
....
....
....
....
....
....

Das hat uns besonders gut gefallen:

....

....

....

....

....

....

....

....

....

Platz für Fotos, Eintrittskarten, etc.

ORT:

DATUM:

WETTER:

Das haben wir heute erlebt:

Das hat uns besonders gut gefallen:

ORT:

DATUM:

WETTER:

Das haben wir heute erlebt:

....
....
....
....
....
....
....
....
....
....
....
....
....
....
....
....
....
....
....
....
....
....
....
....

Das hat uns besonders gut gefallen:

....

....

....

....

....

....

....

....

....

Platz für Fotos, Eintrittskarten, etc.

ORT:
DATUM:

WETTER:

Das haben wir heute erlebt:

....

....

....

....

....

....

....

....

....

....

....

....

....

....

....

....

....

....

....

....

....

....

Das hat uns besonders gut gefallen:

ORT:
DATUM:

WETTER:

Das haben wir heute erlebt:

....
....
....
....
....
....
....
....
....
....
....
....
....
....
....
....
....
....
....
....
....
....
....

Das hat uns besonders gut gefallen:

ORT:

DATUM:

WETTER:

Das haben wir heute erlebt:

Das hat uns besonders gut gefallen:

ORT:

DATUM:

WETTER:

Das haben wir heute erlebt:

....

....

....

....

....

....

....

....

....

....

....

....

....

....

....

....

....

....

....

....

....

....

Das hat uns besonders gut gefallen:

....

....

....

....

....

....

....

....

....

Platz für Fotos, Eintirittskarten, etc.

ORT:

DATUM:

WETTER:

Das haben wir heute erlebt:

··

··

··

··

··

··

··

··

··

··

··

··

··

··

··

··

··

··

Das hat uns besonders gut gefallen:

....
....
....
....
....
....
....
....
....

Platz für Fotos, Eintrittskarten, etc.

ORT:

DATUM:

WETTER:

Das haben wir heute erlebt:

....

....

....

....

....

....

....

....

....

....

....

....

....

....

....

....

....

....

....

....

....

....

Das hat uns besonders gut gefallen:

....

....

....

....

....

....

....

....

Platz für Fotos, Eintrittskarten, etc.

ORT:

DATUM:

WETTER:

Das haben wir heute erlebt:

....

....

....

....

....

....

....

....

....

....

....

....

....

....

....

....

....

....

....

....

Das hat uns besonders gut gefallen:

....

....

....

....

....

....

....

....

....

Platz für Fotos, Eintrittskarten, etc.

ORT:

DATUM:

WETTER:

Das haben wir heute erlebt:

....

....

....

....

....

....

....

....

....

....

....

....

....

....

....

....

....

....

....

....

....

Das hat uns besonders gut gefallen:

ORT:

DATUM:

WETTER:

Das haben wir heute erlebt:

....

....

....

....

....

....

....

....

....

....

....

....

....

....

....

....

....

....

....

....

....

....

....

Das hat uns besonders gut gefallen:

ORT:

DATUM:

WETTER:

Das haben wir heute erlebt:

....

....

....

....

....

....

....

....

....

....

....

....

....

....

....

....

....

....

....

....

....

....

Das hat uns besonders gut gefallen:

....
....
....
....
....
....
....
....
....

Platz für Fotos, Eintrittskarten, etc.

ORT:
DATUM:

WETTER:

Das haben wir heute erlebt:

....

....

....

....

....

....

....

....

....

....

....

....

....

....

....

....

....

....

....

....

....

Das hat uns besonders gut gefallen:

Platz für Fotos, Eintrittskarten, etc.

Printed in Poland
by Amazon Fulfillment
Poland Sp. z o.o., Wrocław

22878753R00067